NATIONAL
GEOGRAPHIC
KiDS

Bizarre
mais
vrai! 2

D1293781

NATIONAL GEOGRAPHIC KiDS

Bizarre mais vrai! 2

300 faits renversants

Catalogage avant publication de Bibliothèque et Archives Canada

Weird but true! 2 Français
Bizarre mais vrai! 2 / traduction de Groupe Syntagme.
Traduction de : Weird but true! 2.
Comprend un index.
ISBN 978-1-4431-4766-8 (couverture souple)
1. Curiosités et merveilles--Ouvrages pour la jeunesse. I. Titre.
AG243.W45214 2015   j031.02   C2015-902356-4

Édition publiée par les Éditions Scholastic,
604, rue King Ouest, Toronto (Ontario)
M5V 1E1 avec la permission de
National Geographic Partners, LLC.

5 4 3   Imprimé en Chine 38   18 19 20 21 22

MIXTE
Papier issu de
sources responsables
FSC® C101537

Le **cerveau** du grand dauphin est plus gros que celui d'un humain.

5

Les léopards des neiges ne peuvent pas RUGIR.

UN BIJOUTIER BRITANNIQUE A FABRIQUÉ UN SACHET DE THÉ DÉCORÉ DE 280 DIAMANTS : IL VALAIT 7 500 € (ENVIRON 12 000 $) !

LES ABEILLES FEMELLES SONT LES SEULES À PIQUER.

Si tu
continuais de
GRANDIR
au même rythme qu'un bébé,
tu pèserais environ
187 470 kilogrammes
à l'âge de 10 ans. (413 300 lb)

UN **CONFISEUR** BRITANNIQUE A FABRIQUÉ UN TABLEAU D'AFFICHAGE DE PRÈS DE **TROIS MÈTRES** (9½ pi) DE HAUT ENTIÈREMENT EN CHOCOLAT.

L'air autour d'un **éclair** est cinq fois plus **chaud** que le Soleil.

Certaines avalanches dévalent à plus de

160

kilomètres à l'heure. (100 mi/h)

UN OS HUMAIN EST CINQ FOIS PLUS RÉSISTANT QU'UN MORCEAU D'ACIER DU MÊME POIDS.

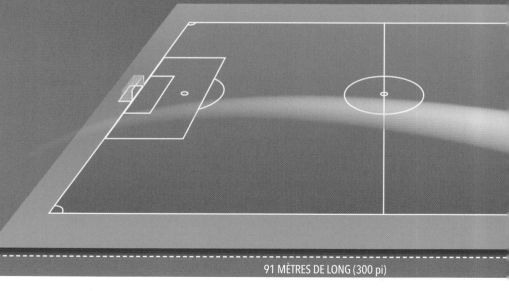

LE RECORD AU LANCER D'ŒUFS CRUS EST DE 98 MÈTRES. (321 pi)

91 MÈTRES DE LONG (300 pi)

LES DÉS LES PLUS ANCIENS ONT 5 000 ANS.

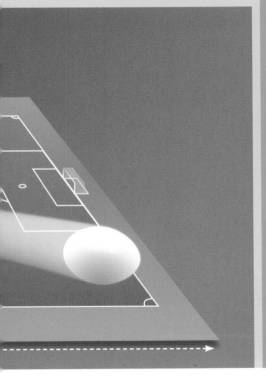

SI UNE **BALEINE BLEUE** SE TENAIT DEBOUT SUR SA QUEUE, ELLE SERAIT AUSSI **HAUTE** QU'UN IMMEUBLE DE **10 ÉTAGES.**

Les chauves-souris ont des pouces.

LES FUSÉES DOIVENT ATTEINDRE

UNE VITESSE D'AU MOINS 40 234 KM/H

(25 000 mi/h)

POUR ÉCHAPPER À LA GRAVITÉ TERRESTRE.

Il y a eu au moins quatre grandes glaciations.

La langue du caméléon est aussi longue que son corps.

Christophe Colomb a pris un lamantin pour une sirène.

La lumière se déplace plus vite que le son.

Beaucoup de chiots ne peuvent pas remuer la queue avant l'âge de deux mois.

Le maïs soufflé peut monter jusqu'à 1 mètre dans (3 pi) **les airs lorsqu'il éclate.**

Le vieux pont de Londres, qui s'écroulait tout le temps, se trouve maintenant en Arizona, aux États-Unis.

UNE ZEPTOSECONDE ÉQUIVAUT À UN TRILLIARDIÈME DE SECONDE.

RIEN NE PEUT ÉCHAPPER À UN TROU NOIR.

UN AMÉRICAIN A PRÉPARÉ 427 OMELETTES EN 30 MINUTES.

Chez certains papillons, les **oreilles** sont sur les ailes.

Les ongles des doigts poussent plus vite que ceux des orteils.

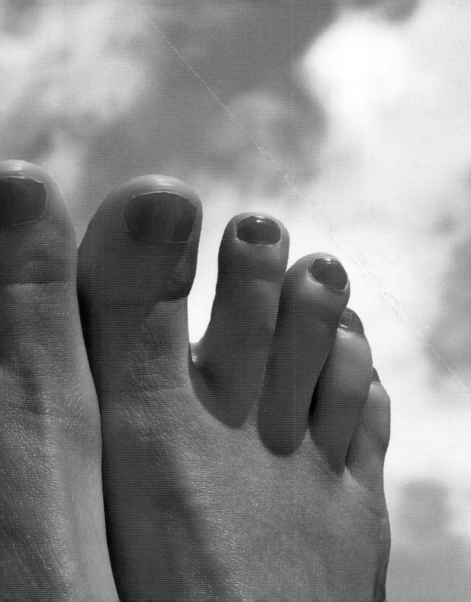

Un chameau peut boire 120 litres d'eau en dix minutes.

La science du rire est un domaine d'études!

24

En Afrique du Sud,
un supermarché
a confectionné une
PIZZA de
37,4 mètres
(122 pi 8 po)
de diamètre qui pesait
autant que deux éléphants
d'Afrique mâles.

SI, TU VOYAGEAIS À LA VITESSE DE LA LUMIÈRE, TU TE RENDRAIS SUR PLUTON EN QUATRE HEURES.

CERTAINES GRENOUILLES SE METTENT À LUIRE LORSQU'ELLES MANGENT DES LUCIOLES.

LES HOMMES ONT PLUS SOUVENT LE HOQUET QUE LES FEMMES.

Dans une *SECONDE*, il y a mille millisecondes.

TON CORPS
COMPTE ENVIRON
CENT MILLE
MILLIARDS
DE CELLULES.

Jusqu'en 2004, **MÂCHER DE LA GOMME** était interdit à Singapour.

LE PREMIER TÉLÉPHONE PORTABLE DU MONDE COÛTAIT 3 995 $.

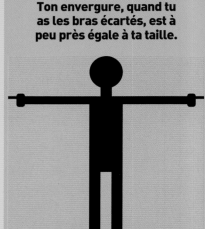

Ton envergure, quand tu as les bras écartés, est à peu près égale à ta taille.

TON CERVEAU EST PARFOIS PLUS ACTIF PENDANT LE SOMMEIL QUE PENDANT L'ÉTAT DE VEILLE.

Une **rivière** de plus de 150 kilomètres (95 mi) coule sous le sol du Mexique.

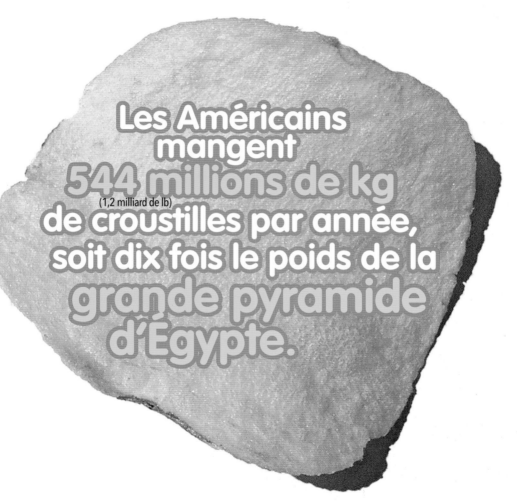

Les Américains mangent 544 millions de kg (1,2 milliard de lb) de croustilles par année, soit dix fois le poids de la grande pyramide d'Égypte.

QUAND ON A DÉCOUVERT DES OS DE DINOSAURES, IL Y A 2000 ANS, ON CROYAIT QUE C'ÉTAIENT DES OS DE DRAGONS.

LES NOUVEAU-NÉS NE PERÇOIVENT PAS
LES COULEURS.

En Finlande,
on a découvert
un morceau
de gomme
à mâcher vieux
de 5 000 ans.

L'ARBRE LE PLUS HAUT DU MONDE MESURE **115** (379 pi) MÈTRES DE HAUT.

C'EST PRESQUE AUSSI HAUT QUE **188** PUPITRES EMPILÉS LES UNS PAR-DESSUS LES AUTRES.

ON A DÉCOUVERT DANS UNE **TOMBE** ÉGYPTIENNE UN MORCEAU DE **GÂTEAU** VIEUX DE PLUS DE **4 000** ANS.

LES MARINGOUINS MÂLES NE **PIQUENT** PAS.

Sur Neptune, une année dure environ 165 années terrestres.

L'ASTRONAUTE NEIL ARMSTRONG A LAISSÉ SES BOTTES SPATIALES SUR LA LUNE.

LE PREMIER FOUR À MICRO-ONDES ÉTAIT PRESQUE AUSSI HAUT QU'UN RÉFRIGÉRATEUR.

Certaines araignées mangent leur propre toile.

Il y a environ 16 millions d'orages électriques sur la Terre chaque année.

La planète Mercure est composée presque exclusivement de fer.

L'eau représente environ **61** pour cent du poids de ton corps.

LE CŒUR
DE CERTAINS
COLIBRIS
BAT PARFOIS PLUS DE

1 000

FOIS PAR MINUTE.

Les anciens Aztèques utilisaient la fève de cacao comme monnaie.

Les rhinocéros ne transpirent pas.

Il y a en Nouvelle-Zélande une Taumatawhakatangihangakoauauo

**IL EST POSSIBLE DE PERCEVOIR
DES ODEURS DANS SES RÊVES.**

colline dont le nom est
tamateapokaiwhenuakitanatahu.

57

LA
GRANDE
BARRIÈRE
DE CORAIL,
EN
AUSTRALIE,
EST LA PLUS
GRANDE
STRUCTURE
VIVANTE
SUR
TERRE.

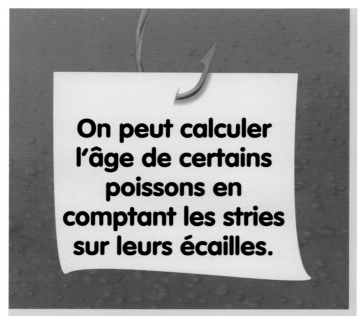

On peut calculer l'âge de certains poissons en comptant les stries sur leurs écailles.

Les **limiers** peuvent flairer une odeur **vieille** de quatre jours.

LE

SOLEIL

SE TROUVE À

150

MILLIONS

DE KM DE LA TERRE.

(93 millions de mi)

LA PLUPART DES

CALCULATRICES

D'AUJOURD'HUI

S O N T

P L U S

P U I S S A N T E S

Q U E L E

T O U T

P R E M I E R

O R D I N A T E U R

LES ANIMAUX QUI PONDENT DES ŒUFS N'ONT PAS DE NOMBRIL.

Le **premier courriel** a **été envoyé** en **1971.**

Les rayures du tigre ne sont pas les mêmes de chaque côté de son corps.

EN ALASKA, UNE DISTANCE DE SEULEMENT 3,2 KM SÉPARE LA RUSSIE DES ÉTATS-UNIS. (2 mi)

QUAND UN COUPLE DE GEAIS BLEUS S'UNIT, C'EST **POUR LA VIE.**

La langue française compte plus de **225 000 mots.**

LES REQUINS

N'ONT PAS D'OS.

LES CHATS NE PERÇOIVENT PAS LE GOÛT DU SUCRE.

Il existe des robots qui peuvent identifier certains fromages.

UNE COQUERELLE PEUT VIVRE PLUS D'UNE SEMAINE SANS TÊTE.

Le noyau de la **Terre** est à peu près de la même dimension que la planète **Mars.**

LE DÉSERT DU SAHARA EST PLUS VASTE QUE L'AUSTRALIE.

Vénus est la **planète** la plus **chaude** de notre système solaire.

LES LIONS SE REPOSENT ENVIRON 20 HEURES **PAR JOUR.**

Un
TIGRE
peut manger
plus de
35 kg (80 lb)
de viande
en un
seul repas.

La plupart des gens passent environ **cinq** **années de leur vie** à manger.

UN HIPPOPOTAME PEUT COURIR AUSSI VITE QU'UN HUMAIN.

Un homme a eu **le hoquet** pendant **68 années consécutives.**

PRESQUE TOUS LES MOIS, DES MÉTÉORITES DE LA TAILLE D'UN BALLON DE BASKETBALL S'ÉCRASENT SUR LA TERRE.

UN ARC-EN-CIEL, LA NUIT, EST UN ARC-EN-CIEL LUNAIRE.

On produit
suffisamment
de
crème fouettée
par an
pour tracer
une ligne
qui traverserait
les
États-Unis
plus de cinq
fois.

75% des animaux sont des insectes.

LE PREMIER **VOL** DES **FRÈRES WRIGHT** ÉTAIT PLUS COURT QUE LA **LARGEUR** D'UN **747.**

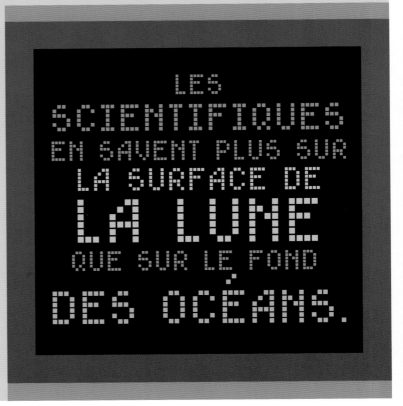

LES SCIENTIFIQUES EN SAVENT PLUS SUR LA SURFACE DE LA LUNE QUE SUR LE FOND DES OCÉANS.

LORSQU'IL FAIT SOLEIL À PARIS, EN FRANCE, LA **TOUR EIFFEL** PENCHE VERS SON **OMBRE.**

À Hawaï, il y a une cascade où l'eau monte parfois au lieu de tomber.

Les **crocodiles** ne peuvent pas mâcher.

61

Un chien peut avoir environ

100

expressions faciales.

La
Terre
a un peu la
forme d'une
poire.

La peau du zèbre est noire;
seul son pelage est rayé.

IL EXISTE UNE
FOURMI
TROPICALE
DONT LES
MÂCHOIRES
SE REFERMENT
À
233
KM/H,
(145 mi/h),
PLUS VITE
QUE TOUT AUTRE
ANIMAL!

En moyenne, un enfant de 10 ans

met 20 minutes à s'endormir.

LE MONT EVEREST
GAGNE PLUS DE
3 MILLIMÈTRES (1/8 po)
CHAQUE ANNÉE.

3 mm →

Un
million
de secondes
équivaut à

11
jours,

13
heures,
46 minutes

et 40
secondes.

Le
kangourou
s'appuie sur
sa queue
comme sur un
siège.

Plus une étoile est brillante, plus sa vie est courte.

AU CENTRE DE LA TERRE, LA GRAVITÉ S'EXERCE VERS LE BAS ET DE CÔTÉ.

IL Y A PLUS DE TÉLÉVISEURS AUX ÉTATS-UNIS QUE D'HABITANTS AU ROYAUME-UNI.

UN ÉCLAIR SE DÉPLACE À ENVIRON

365 MILLIONS DE KM/H.

(227 millions de mi/h)

Un **volcan** est en éruption depuis 2 000 ans en Italie.

LES TORTUES SONT APPARUES SUR LA TERRE AVANT LES DINOSAURES.

La reine Marguerite de Savoie a été **la première à se faire livrer une pizza en 1889.**

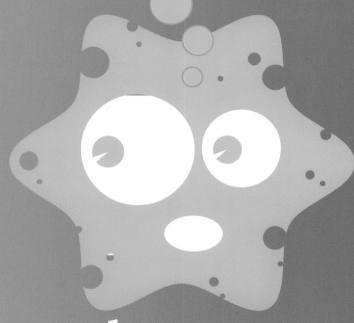

LES ÉTOILES DE MER
N'ONT PAS DE
CERVEAU.

La
plus vieille
carte de
Saint-Valentin
a été **écrite**
en 1415.

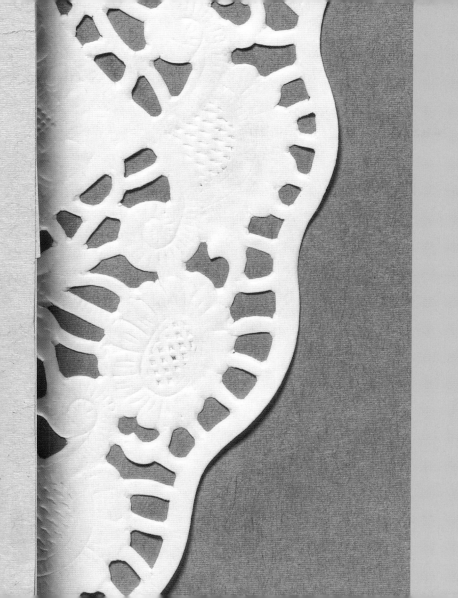

LES GIRAFES PORTAIENT AUTREFOIS LE NOM DE « CAMÉLOPARDALIS », **PARCE QU'ON** ～ **LES** ～ **CROYAIT** MOITIÉ CHAMEAU, MOITIÉ LÉOPARD.

IL N'Y A AUCUN SON DANS L'ESPACE.

En Finlande, un couple peut se marier dans une chapelle faite de neige.

Le **cochon** est l'animal dont l'alimentation ressemble le plus à celle des humains.

Certaines poules pondent des œufs verts ou bleus.

On prend à peu près `25 000 respirations` par jour.

Une personne s'est passée de **SOMMEIL** pendant dix jours. C'est un record!

UNE VACHE LAITIÈRE PRODUIT ENVIRON 100 000 VERRES DE LAIT AU COURS DE SA VIE.

On a emporté des yoyos dans deux navettes spatiales.

LES KOALAS SONT ÉVEILLÉS QUATRE HEURES PAR JOUR SEULEMENT.

IL EST IMPOSSIBLE D'ÉTERNUER LES YEUX OUVERTS.

La **MANTE RELIGIEUSE** est le seul insecte qui peut **REGARDER PAR-DESSUS SON ÉPAULE.**

JUPITER A 63 LUNES.

Si on le **déroulait** **entièrement,** ton **système digestif** mesurerait près de 10 mètres de long.

(30 pi)

Les pommes contiennent 25 % d'air.

Les bébés bâillent avant même de naître.

ÇA, C'EST BIZARRE!

On apprécie mieux les odeurs

par la narine droite

que par la narine gauche.

LE POISSON PORC-ÉPIC SE GONFLE QUAND IL SE SENT MENACÉ.

Au début, le **KETCHUP** était **VENDU COMME MÉDICAMENT.**

Une personne fait en moyenne

130 000 kilomètres à pied

(80 000 mi)

au cours de sa vie.

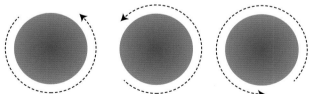

C'est plus que trois fois le tour de la Terre!

Il fait plus chaud au **PÔLE NORD**

qu'au **PÔLE SUD.**

87

LES CHENILLES ont une bouche, mais **LES PAPILLONS** n'en ont pas.

La Terre est la seule planète qui ne porte pas le nom d'un **dieu grec ou romain.**

On peut distinguer des lions les uns des autres grâce aux taches à la base de leurs moustaches.

L'hippopotomonstr

Les abeilles doivent butiner environ
cinq millions de fleurs
pour remplir un **pot de miel**
de taille moyenne.

esquipédaliophobie
est la peur des mots longs.

L'énergie économisée en de boisson gazeuse peut pendant trois heures.

recyclant une **seule canette** faire fonctionner **une télé**

CHEZ LES CRAPAUDS, SEUL **LE MÂLE** PEUT

COaSSer.

Un homme a lancé une pièce de monnaie à plus de trois mètres en utilisant le lobe de son oreille (10 pi) comme une fronde.

Ta langue fabrique de nouvelles **papilles gustatives** environ toutes les deux semaines.

AUTREFOIS, IL Y AVAIT AUX BAHAMAS UN BUREAU DE POSTE SOUS-MARIN.

La grenouille **la plus grosse** du monde a la taille d'un **chat domestique.**

Tous les vers de terre des **États-Unis** mis ensemble **pèsent dix fois plus** que la population humaine totale.

Le **porc-épic** possède environ 30 000 épines.

Il y a à peu près **500** grains sur un **épi de maïs.**

LA GIRAFE

est l'un des rares animaux qui naissent avec des cornes.

Porter un chapeau sur la tête, ça réchauffe les pieds!

Tous les chats naissent avec les yeux bleus.

COMME LES HUMAINS, LES SINGES PEUVENT DEVENIR CHAUVES EN VIEILLISSANT.

2,7 MILLIONS DE KILOGRAMMES DE (6 millions de lb) POUSSIÈRES SPATIALES SE DÉPOSENT SUR LA TERRE CHAQUE ANNÉE.

UNE **MOMIE DE 3 000 ANS** PEUT ENCORE AVOIR DES **EMPREINTES DIGITALES.**

Un **flocon de neige** peut mettre jusqu'à **deux heures** pour tomber d'un **nuage** jusqu'au sol.

IL Y A DES CITROUILLES DE TOUTES SORTES DE COULEURS :

ROUGE, VERT, JAUNE, BLEU, TAUPE ET BLANC.

Ton **squelette**

compte environ

300

OS

à la naissance, mais
il n'en a plus que

206

quand tu as
fini de grandir.

L'œil de l'autruche est plus gros que son cerveau.

SI ON METTAIT BOUT À BOUT TOUS LES EXEMPLAIRES DE HARRY POTTER VENDUS, ON FERAIT DEUX FOIS LE TOUR DE LA TERRE.

LA TARENTULE PEUT VIVRE JUSQU'À 20 ANS.

LES PREMIÈRES SEMELLES DES CHAUSSURES NIKE ÉTAIENT FAITES DE CAOUTCHOUC MOULÉ DANS UN GAUFRIER.

La température de la Terre s'élève légèrement **pendant la pleine lune.**

On peut faire

43 252 003 274 489 856 000

combinaisons

différentes avec un cube Rubik.

C'est un enfant de 11 ans

QUI A INVENTÉ LES

sucettes glacées.

UNE AUTRUCHE

PEUT COURIR AUSSI VITE QU'UN

CHEVAL DE COURSE.

Les **requins** existent depuis **PLUS LONGTEMPS** que les arbres.

DANS UNE CUILLERÉE À THÉ (5 mL) D'EAU DE MER, IL Y A **CINQ MILLIONS** D'ORGANISMES VIVANTS.

Du **21 mars** au 23 septembre environ, le soleil ne se couche jamais au **pôle Nord.**

Le plus grand igloo du monde peut accueillir plus de 200 personnes.

L'hiver dure 21 ans sur Uranus.

DE 30 MÈTRES DE LONG. (100 pi)

La plupart des

calmars

ont trois cœurs.

LES ASTRONAUTES **GAGNENT**

— JUSQU'À — (3 po)
75 MILLIMÈTRES DANS L'ESPACE.

Jupiter pèse **deux fois PLUS** que toutes les autres planètes de notre **système solaire** réunies.

ENVIRON

75

POUR CENT

DES

VOLCANS

SE TROUVENT

SOUS L'EAU.

LES LÈVRES DE L'HIPPOPOTAME MESURENT ENVIRON UN DEMI-MÈTRE DE LARGE.

(2 pi)

LA GRENOUILLE-TAUREAU

D'AFRIQUE DU SUD

S'ATTAQUE PARFOIS À DES LIONS.

Si tu pèses **23** (50 lb) **kilogrammes sur la Terre, tu ferais environ 1,4** (3 lb) **kilogramme sur Pluton.**

LE **DINDON** GLOUGLOUTE ET LA **DINDE** CLAQUETTE.

Il faudrait environ

788 832 000

papillons autocollants jaunes
de cinq centimètres (2 po)
pour faire le tour du globe.

LES HUÎTRES
MÂLES
SE TRANSFORMENT EN
FEMELLES.

Une
combinaison
spatiale
coûte environ
dix
millions
de dollars.

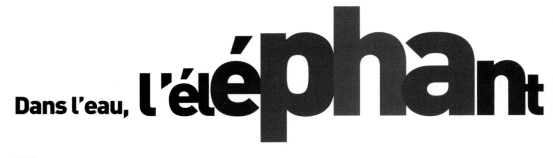

Dans l'eau, l'éléphant

Sans vêtements, tu commencerais à avoir froid à 25 °C.

(77 °F)

Le premier **hôtel sous-marin du monde** se trouve à Key Largo (Floride).

peut utiliser sa trompe comme un tuba.

119

Les poissons
ne peuvent
pas fermer
les yeux.

Un bras
d'étoile de mer
détaché
génère parfois
un nouveau >>>>>
corps.

Tes yeux produisent cinq millilitres de larmes toutes les heures

Quand tu auras vécu 2,4 milliards de secondes, tu auras 75 ans.

À l'origine, les carottes étaient **mauves, pas** orange.

1 000 000 000 000 000
(mille trillions)
de **fourmis** vivent sur la Terre.

8 962 personnes ont fait un **ange dans la neige** en même temps sur le terrain du Capitole dans l'État du Dakota du Nord **(États-Unis).**

Sur le drapeau de chaque **pays** du monde, on voit au moins une des cinq couleurs des **anneaux olympiques :** bleu, jaune, **noir,** vert et rouge.

HAWAÏ SE RAPPROCHE DU JAPON DE PRÈS DE HUIT CENTIMÈTRES (3 po) CHAQUE ANNÉE.

Il pousse environ
150 000 cheveux
sur ta tête
actuellement.

Un gecko peut perdre
sa queue volontairement.

Certains poissons ont un antigel naturel dans le sang.

LES **HUMAINS** ET LES LIMACES ONT EN COMMUN PLUS DE LA MOITIÉ DE LEURS **GÈNES.**

Quand il fait chaud, ce sont des femelles qui éclosent des œufs d'alligator et quand il fait froid, ce sont des mâles.

127

Des astronomes ont découvert
une étoile en diamant d'une
masse de 10 milliards de billions
de billions de carats.

Une tête de **brocoli** est composée de centaines **de petits boutons** de fleurs.

Sur Neptune, il y a eu **une tempête** qui faisait la taille...

de la Terre.

Mâcher de la **gomme** peut accélérer les battements cardiaques.

Au Royaume-Uni, **une carte de Noël** vieille de 158 ans s'est vendue à l'encan pour près de **22 250 £** (environ 35 000 $) **en 2001.**

La **surface** de l'océan **Atlantique** est plus **salée** que la surface de l'océan **Pacifique.**

Les
**50 montagnes
les plus hautes**
du monde se
trouvent en
Asie.

Les empreintes de la truffe d'un chien sont tout aussi uniques que les **empreintes digitales** chez **l'humain.**

CERTAINS LÉZARDS À CORNES FONT JAILLIR DU SANG DE LEURS YEUX POUR REPOUSSER LES PRÉDATEURS.

Tes yeux peuvent percevoir environ DIX MILLIONS de couleurs différentes.

La didaskaleinophobie

est la peur d'aller à l'école.

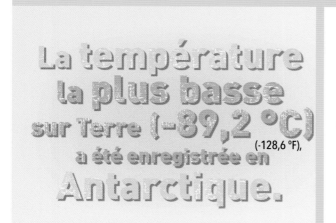

La température la plus basse sur Terre (-89,2 °C) (-128,6 °F), a été enregistrée en Antarctique.

Il fallait aux anciens Égyptiens jusqu'à **70 jours** pour **momifier** un corps.

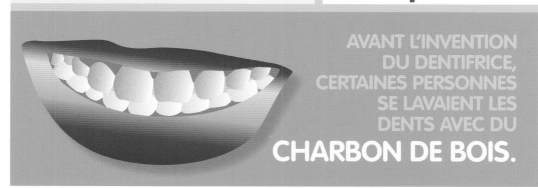

AVANT L'INVENTION DU DENTIFRICE, CERTAINES PERSONNES SE LAVAIENT LES DENTS AVEC DU **CHARBON DE BOIS.**

La Grande Muraille de Chine s'étend sur environ 7 240 kilomètres : (4 500 mi) c'est presque aussi long que le continent **africain.**

PARDON!

LES ROTS
DES MOUTONS
CONTRIBUENT AU
RÉCHAUFFEMENT
DE LA PLANÈTE.

Le **homard** le plus **lourd** connu pesait **20,2** (44,6 lb) **kilogrammes.**

Chaque année **le mois de septembre** commence toujours le même jour de la semaine que **le mois de décembre.**

Une femme de la Californie (États-Unis) se souvient de presque tous les jours de sa vie...

DEPUIS L'ÂGE DE 11 ANS.

Le nom latin Tyrannosaurus **rex**

GRRR!

signifie « roi des lézards tyrans ».

Il reste au **soleil** assez d'énergie pour **brûler** pendant encore **100 milliards** d'années.

Un **espadon** peut nager…

presque aussi vite qu'un guépard peut courir.

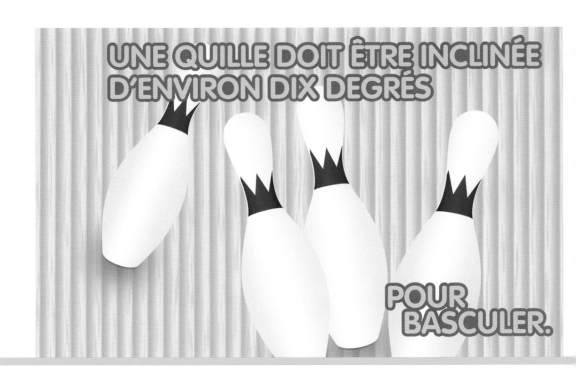

UNE QUILLE DOIT ÊTRE INCLINÉE D'ENVIRON DIX DEGRÉS POUR BASCULER.

UNE BOULANGERIE DE LA PENNSYLVANIE A C

Les **étoiles** les plus chaudes sont bleues.

LES SCIENTIFIQUES CROIENT QUE LES ANNEAUX DE SATURNE VONT FINIR PAR DISPARAÎTRE.

(54 pi)

...TIONNÉ UN *HOT DOG* DE 16 MÈTRES DE LONG.

Il faudrait empiler **neuf** immeubles comme **l'Empire State Building** pour égaler la profondeur moyenne des océans.

Le « **carpophage** de **Peale** » est un oiseau dont le cri ressemble à un **aboiement**.

LE SABLE fond à environ **1 649 °C**

(3 000 °F)

TOUS LES HAMSTERS VIVANT AUJOURD'HUI DESCENDENT D'UNE SEULE **FAMILLE DE HAMSTERS** QUI VIVAIT EN **SYRIE** EN 1930.

LA VITESSE MAXIMALE D'UN CHAT EST DE

50 KILOMÈTRES À L'HEURE ENVIRON.
(31 mi/h)

La plus grosse araignée du monde est plus grosse qu'un ballon de basket.

Il naît en moyenne 371 000 personnes chaque jour.

Le plus ancien fossile de chauve-souris jamais trouvé est âgé de
50 millions d'années.

147

Il y a de l'OR véritable dans le Soleil.

Les humains **clignent** des yeux environ 17 000 fois par jour.

LE VERRE PEUT SE CONSERVER DES MILLIONS D'ANNÉES SUR LA TERRE.

LA PLUS LONGUE PARTIE DE MONOPOLY JOUÉE DANS UNE CABANE DANS UN ARBRE A DURÉ

286

HEURES.

Certaines **méduses géantes** ont des **tentacules** pouvant **dépasser** la longueur d'un terrain de **basketball.**

Chaque minute, environ 12 000 biscuits en forme d'animaux sont fabriqués.

Environ le dixième de la surface de la Terre est recouvert de glace.

Le bourdonnement des mouches

UN **ARTISTE** AUX MAINS TRÈS AGILES A FABRIQUÉ **747 SCULPTURES EN BALLON** EN **1** HEURE.

domestiques est un fa.

L'air emprisonné dans les **icebergs** peut avoir des milliers d'années.

Il faut gravir un escalier en spirale de 293 marches pour se rendre au sommet de la tour de Pise.

Les **poulets** perçoivent la lumière du jour **45 minutes** avant les humains.

Le globe oculaire d'un calmar géant peut être aussi GROS que la tête d'un humain.

Il y a une **chance sur mille milliards** que des **débris spatiaux** tombent sur ta **maison aujourd'hui.**

155

EN ALASKA, AUX ÉTATS-UNIS, AU COURS D'UN FESTIVAL TU PEUX **TÉLÉPHONER** CHEZ TOI À PARTIR D'UNE **CABINE** TÉLÉPHONIQUE ENTIÈREMENT FAITE DE **GLACE.**

Le plus petit hippocampe du monde est moins grand qu'un timbre-poste.

LES PLUS GROS **OURAGANS** PEUVENT ATTEINDRE **SEIZE KILOMÈTRES** DE HAUTEUR. (10 mi)

Les plus grandes **salamandres** peuvent être aussi longues qu'une **bicyclette.**

158

Un fabricant canadien de jus a **préparé un smoothie** de 738 litres, (195 gal) ce qui est assez pour remplir quatre baignoires.

Les orangs-outans rient quand on les chatouille.

Si tu dépensais un **dollar** toutes les secondes, il te faudrait environ **32 ans** pour dépenser un **milliard** de **dollars.**

Les dauphins dorment avec un œil **ouvert**.

Une pieuvre peut avoir près de **2 000 ventouses** sur ses tentacules.

Les chances qu'un golfeur moyen fasse un trou d'un coup pendant une partie sont de **1 sur 12 000**.

La Terre parcourt environ **2,6 MILLIONS DE KILOMÈTRES** (1,6 million de mi) chaque jour.

IL POUSSERA
ENVIRON
3 000 DENTS
À UN ALLIGATOR
AU COURS
DE SA VIE.

Le **lamantin** et
l'éléphant ont
un ancêtre en commun.

On a trouvé une perle de 6,4 kilogrammes (14 lb) dans une palourde géante.

Les élastiques de caoutchouc durent plus longtemps quand ils sont réfrigérés.

Ton **cerveau** consomme autant **d'énergie** qu'une **ampoule de dix watts.**

Un flocon de maïs de la forme de l'État de l'Illinois (États-Unis) s'est vendu **1 350 $.**

Saturne est en partie composée d'hélium; c'est le gaz qu'on utilise pour remplir les ballons d'anniversaire.

En général, les pirates n'enterraient pas leur butin.

On a trouvé en Californie, aux États-Unis, une **pépite d'or** de 72,6 kilogrammes; (160 lb) c'est à peu près le poids de 12 boules de quilles.

Pour se rafraîchir, les kangourous se lèchent les avant-bras.

Tes oreilles produisent davantage de cire quand tu as peur.

LES **BATTEMENTS** DE TON CŒUR SONT SI PUISSANTS QU'ILS POURRAIENT FAIRE JAILLIR DE L'EAU À 1,8 MÈTRE (6 pi) DANS LES AIRS!

Des nomades ont fabriqué des patins à glace avec des os il y a au moins 4 000 ans.

La **couronne** de la **reine** d'Angleterre **est sertie** de plus de **3 000** pierres précieuses.

Un musée a payé plus de **huit millions** de dollars pour un fossile de **Tyrannosaurus rex.**

Le binturong, un mammifère de l'Asie du Sud-Est, dégage une odeur qui ressemble à celle du **maïs soufflé beurré lorsqu'il est excité.**

Un serpent peut **manger une proie** qui fait **deux fois** la largeur de sa tête.

Dans une grotte de Croatie, il y a un gouffre de 513 mètres (1 683 pi) de profondeur. C'est **le trou le plus profond** de la planète.

175

Les **loutres de mer** peuvent nager sur le dos.

L'animal né du croisement entre une baleine et un dauphin s'appelle un **balphin.**

650 MOUCHES DOMESTIQUES

pèsent moins lourd que

UNE PRUNE. (env. 30 g)

178

La **sonnette** du serpent à sonnette est faite de la même matière que tes ongles.

Le cœur de la souris est plus petit qu'un bonbon Tic Tac.

Un liquide flottant dans l'espace prend la forme d'une sphère.

L'hippocampe peut **regarder** dans **deux** directions à la fois.

CHEZ L'HUMAIN, UN CIL DURE DE TROIS À CINQ MOIS ENVIRON.

181

Un **aigle** peut repérer un lapin à plus de **1,6** kilomètre (1 mi) de **distance.**

Un feu de **forêt** peut se propager **plus vite** en montant qu'en descendant.

Une **souris** peut avoir jusqu'à **105** petits par année.

CHAQUE ANNÉE, PLUS DE DEUX

Dans le Maine, aux États-Unis, on a construit un château de sable aussi **haut** qu'un immeuble de trois étages.

MILLIONS D'ANIMAUX VOYAGENT EN AVION.

Les pêches sont de la même famille que les amandes.

ON A DÉCOUVERT AU **JAPON** UN **TRÈFLE À 56** FEUILLES.

Dans la **Rome** antique, le **drapeau rouge** était un **symbole de bataille.**

Un **koala nouveau-né** est à peu près aussi gros qu'un **bonbon haricot.**

LE MOT

« POURPRE »

VIENT D'UN MOT
DU GREC ANCIEN
QUI DÉSIGNAIT
UN MOLLUSQUE.

Le plus
haut saut
de
cochon
connu s'établit à
(27,5 po)
69,9 centimètres :
c'est la hauteur d'un saint-bernard!

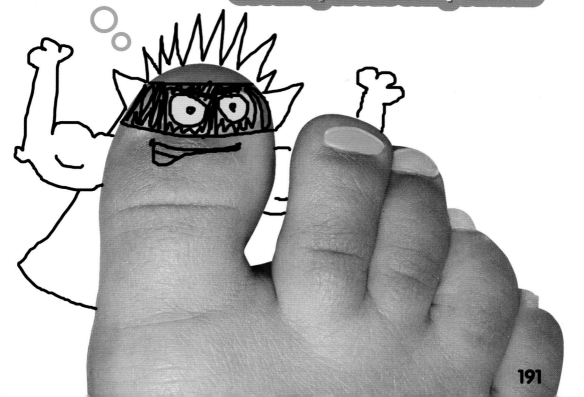

La lutte d'orteils

est un sport de compétition.

ÇA, C'EST VRAIMENT BIZARRE!

LE FURETEUR

Les illustrations sont indiquées
en **caractères gras.**

LE FURETEUR

LE FURETEUR

National Geographic est l'une des organisations scientifiques et éducatives à but non lucratif les plus importantes au monde. Fondée en 1888 pour « accroître et diffuser les connaissances géographiques », sa mission est d'inciter le public à se préoccuper de la planète. National Geographic reflète la diversité mondiale par de multiples moyens : magazines, émissions de télévision, films, musique et émissions de radio, livres, DVD, cartes, expositions, événements en direct, publications scolaires, produits multimédias et marchandises. Le magazine officiel de la société, National Geographic, est publié en anglais et dans 32 autres langues et compte chaque mois plus de 35 millions de lecteurs. La chaîne de télévision The National Geographic Channel est regardée par 310 millions de foyers dans 165 pays en 34 langues. National Geographic Digital Media accueille plus de 13 millions de visiteurs chaque mois. National Geographic a financé plus de 9 200 projets de recherche scientifique, de préservation et d'exploration, et elle soutient un programme éducatif promouvant le savoir géographique. Pour plus de renseignements, veuillez vous rendre à nationalgeographic.com.

Publié par National Geographic Society
John M. Fahey, Jr., *président et directeur général*
Gilbert M. Grosvenor, *président du conseil d'administration*
Tim T. Kelly, *président, Global Media Group*
John Q. Griffin, *vice-président directeur; président, édition*
Nina D. Hoffman, *vice-présidente directrice, présidente du groupe d'édition des livres*
Melina Gerosa Bellows, *vice-présidente directrice de l'édition pour enfants*

ILLUSTRATIONS

CRÉDITS PHOTOGRAPHIQUES

Voici quelques-uns des livres de *NATIONAL GEOGRAPHIC KIDS*

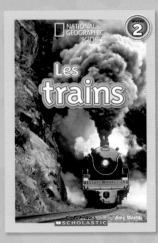